Nueve Vidas y Un Gato

Nueve Vidas y Un Gato

Jose Ignacio Moreno Moreno

Círculo Rojo
EDITORIAL

Primera edición: octubre 2024

Depósito legal: AL 2671-2024

ISBN: 978-84-1082-778-3

Impresión y encuadernación: Editorial Círculo Rojo

© Del texto: Jose Ignacio Moreno Moreno
© Maquetación y diseño: Equipo de Editorial Círculo Rojo

Editorial Círculo Rojo
www.editorialcirculorojo.com
info@editorialcirculorojo.com

Impreso en España — Printed in Spain

Prólogo.

Los poemas son como las vidas de un gato: bonitos, inesperados, aterradores, tranquilos, emocionantes, amorosos y solidarios. Siete vidas tenemos todos, si; pero algunos tienen el privilegio de poder vivir nueve. Eso si , con un alto coste. Cuando mueres y quieres con tocas tus fuerzas vivir de nuevo, puedes conseguirlo.

Las nueve vidas de este gato no deja a nadie indiferente, pero no se impacienten y vayan vida a vida.

La biografía de este gato, es una vida con la capacidad de atraer lo mejor y lo peor de sus callejones laberínticos .

VIDA 1. Sus Genes. 1945-1979.

Antecesores, genética ; cuando todavía no luchas contra el ambiente para crear tu personalidad.

CANOS

(a mi abuelo Francisco Moreno).

El Cano es mi padre,
carácter
el Cano es mi abuelo,
genio.
Cano soy yo,
desde que era pequeño.

(Poema: "Al esquilador de mi pueblo"
1945. Anónimo.)

A MI ABUELO JOAQUÍN.

Tú te llamas Joaquín
y de apellido Moreno
tú eres un hombre al fin
que vives del esquileo.

Igual esquilas ovejas,
que pelas a los borricos
mas si ocasión se presenta
tú esquilas hasta los chicos.

Tu herramienta no es la hoz
pero si son las tijeras
tú te expones a una coz
pero tú esquilas y pelas
tan solo por dos pesetas.

Tu salón no hay quién lo mueva
además de ser espacioso
lo tienes instalado
en una calle que es Nueva
desde que te fuíste del Coso.

Dicen que haces primores
cuando esquilas borriquitas
y si van mulas con ropa
a esas pronto se las quitas.

También esquilas los machos
y también a los caballos
mas tienes mucho cuidado
no se te estropeen los callos.

Tú mueves muy bien los dedos
pero cuando existe viento
sueles tragarte más pelos
que hay en todo el firmamento.

También haces permanentes
y las haces a lo " garçon"
aunque te enseñen los dientes.

Tu clientela es distinguida
no he visto cosa mejor
¿qué es lo que puede pasarte?
pues, recibir una coz.

POEMAS DE MI ABUELO.

(1981. Francisco Moreno Navas).
Ya tenemos democracia
ya tenemos libertad
ya todos los españoles
podemos pensar y hablar.

Ya somos todos iguales
en derechos y deberes
de izquierdas y de derechas
hombres, niños y mujeres.

Los ladrones y asesinos
no quieren la democracia
la justicia y el trabajo
no les hace mucha gracia.

Implantaron el fascismo
los cuatro capitalistas
excluyendo de españoles
a todos los izquierdistas.

En la gloria terrenal
cuarenta años gozando
con el pueblo amordazado
cuarenta años robando.

Ya están desmoralizados
no tienen donde robar
ya no está Alemania
imposible gobernar.

Compañeros, camaradas
viva España socialista
uniros y venceremos
a caciques y fascistas.

Eso dirían los muertos
eso decimos los vivos,
y lo estamos demostrando
los marxistas y excautivos.
Ha vuelto la democracia
sin guerra , sin alboroto
con orden y con amor
y con el arma del voto.

Qué lección les hemos dado
una vez más los obreros
además, les perdonamos
porque somos caballeros.

Honor a los que cayeron
en aquella vil campaña
defensa al socialismo
y a la libertad de España.

Un día nos la robaron
extinguiendo a los mejores
tras una guerra salvaje
contra los trabajadores.

Después cárceles rebosantes
torturas, fusilamientos;
el delito ser de izquierdas
trabajador y hambriento.

Los fascistas españoles
con apoyo de Alemania
Italia y mozos salvajes
arrasaron toda España.

Si los mártires del pueblo
vieran con sus propios ojos
ondeando por las calles
sus banderas color rojo.

Si oyeran como cantamos
sus canciones preferidas
la Internacional Obrera
por las calles y avenidas.

Decid a vuestros verdugos
que los muertos perdonamos
que no queremos venganza
ni más guerras entre hermanos.

VIDA 2. Descampados.
TAMAJÓN (1979- 1996).

La infancia, los juegos, el pueblo, los amigos de verano y ahora de los mejores recuerdos.

MI PUEBLO.

La Tejera, Solosaces, La Cruz
el basurero;
La Laguna, La Sima, El Chopo Calca,
están en mi pueblo.

La Cerca, El Campo De Dios,
el lavadero;
Las Eras , La Soledad,
están en mi pueblo.

El Bar de La Concha, casa La Luisa
el Convento;
La Fuente Vieja, El Tejadillo
Picota, Nueva y En medio,
están en mi pueblo.

NACER.
(a mi madre Conchi)

Llevo en esta cueva
ni se sabe el tiempo,
perdí la cuenta.

Oscuridad, humedad
y la salida, ¿dónde está?
¿dónde se encuentra?

Oigo, huelo, siento
¡por dónde salgo!
¡por dónde entro!,
aquí no hay hueco
bastante crezco.

Se oye eco
todo vibra,
algo empuja..
tira.
Saco la cabeza, no veo
pero el aire silba;
brazos y piernas
espachurrados entre carnes tiernas
y agua tibia.

Estoy en la salida
me lavan , me secan
frío por la tripa
con mi reina me llevan.

No consigo verla
no sé si es guapa o fea
la siento , la huelo..
es ella.

PARA QUITAR EL FRÍO.

Era un juego divertido.
Un pie arriba y otro
abajo del bordillo,
el de abajo ,arriba;
era muy sencillo.

Rápido se calienta
el cuerpo, los tobillos;
uno abajo y otro arriba
se quitaba el frío.

Era un juego divertido.

EL CALIENTACAMAS.
(a Julio Moreno)

A calentar la cama
con mi hermano jugaba;
hacíamos una bola el pijama
lo atábamos con las mangas,
la portería,
la pared blanca;
contábamos ,
goles ,paradas.
Sólo era,
para calentar la cama.

EN LA PLAZA.

A las cuatro esquinas,
churro, retroceso, cogido, béisbol;
a las cuatro esquinas,
jugamos en el pueblo.

CON ALICIA
(a Alicia Baladrón)

En este umbral
aprendí a andar,
recogíamos bellotas
en el encinar.

GORRINOS

A los gorrinos
me mandaba mi madre,
pimientos pochos, tomates;
que coman,
que se hagan grandes.

A los gorrinos
me mandaba mi madre
cáscara de huevo, patata
que tengan buena sangre.
A los gorrinos
me mandaba mi madre.

BARRO.
(a Juan Expósito baladrón)

Os voy a contar
como se hundió en el barro
mi amigo Juan

Ya era tarde
quisimos inspeccionar,
el barro muy blando..
se coló hasta el paladar.

Yo no pude hacer "ná "
era solo un niño
me fui a cenar.

Ahí se quedó,
mi amigo Juan.

TRAVESIA 1ª

(a la abuela, Inocenta Boyarizo).

Como recuerdo mi calle
sin asfaltar;
palos , piedras, cante.

La puerta del bar
llena al instante,
la Ino sentada no ve
quiere tocarte.
Te identifica,sonríe,
que arte.

BRAVAS

(A mi amada tía, Concha Gamo B.)

Qué decir
de estas patatas,
qué sentir
al degustarlas.

Veínte años atrás,
 estoy en sus faldas;
la primera ración
en Tamajón,
que se paga.
Porque lo vale
la tía Concha
y su maña.

CASA MANOLO

(a mi amada Luisa y a Manolo).

A casa el Zapatero
de pollita
son los huevos.
Luisa los cocina
para nosotros
y su nieto.

A casa el Zapatero
café,
de malta en el puchero
Luisa lo prepara
para nosotros
y su nieto .

A casa el Zapatero
nos ciudan
lo primero
Luisa se desvive
por nosotros
y su nieto.

A casa el Zapatero
van mis recuerdos
Luisa y Manolo, en el corazón ;
mis hermanos y su nieto.

LA CLOTI.

(a mi tía, Clotilde Moreno)

La tía Clotilde
en la calle vigilando está,
subo a ver a Luisa
me para, ¿ niño, dónde vas?.

Me lleva a su casa
caramelos violeta me da
es entrañable, cascarrabias
la quiero de verdad.

EL COSO
(a mi tía, Martina)

En el coso vivía la Martina
era lejana,
pero mi tía
¡ coño, cojones!
siempre decía.

VIDA 3. Cambio de tejados.

Pre-adolescencia, cambio de pueblo, vida libre y salvaje, niños sin domesticar.

YUNQUERA DE HENARES

La Casilla, Las Aguas, Palacio,
el Parque, la Fuente de los Cuatro Caños;
Peña La Mira,
observa desde lo alto.
El Silo y La Miranda,
apartados;
el Barrio La Estación
les da la mano.
Yunquera ,
patata
y espárrago.

LA ESTACIÓN.

Mi barrio,
maíz ,manzanos,
piedras y palos;
no hay nada
con todo jugamos.
Una calle
en medio del campo
un recuerdo inacabado,
hacíamos cabañas,
con palets y plásticos.

Mi barrio
maíz , manzanos,
piedras y palos.

EN LA CALLE QUEVEDO.

La leña en sacos,
dos pisos;
cincuenta peldaños.
La leña en sacos,
mi padre
y mis hermanos.
La leña en sacos,
sudores;
para calentarnos.
La leña en sacos,
el calor
llega hasta mi cuarto,
la leña en sacos.

AMIGO
(a Alberto González, Ruper).

En la calle El Sotillo
Ruper,
entre tuercas y tornillos.
Monta y desmonta
a base de martillo;
la Mari baja
trae manzanas, peras
membrillo,
olfatea...
huele a cigarrillo,
se va dejando
a dos grandes amigos.

VIDA 4. Las primeras raspas.

Adolescencia, estudios, trabajo, juergas, primeros amores.

BAR EL FRENAZO
(a mi familia)

Mi tía se ha jubilado
decidimos abrir el Frenazo.
Hicimos mucho dinero,
en pocos años;
lo más importante
el lazo que fuimos creando
mi madre , mi padre
yo y mis hermanos.
La experiencia más bonita
entre cucharillas, vasos y platos.

No te creas
lo entendí a los años
el esfuerzo y la lucha
para conseguir algo.

Mi tía se ha jubilado
decidimos abrir el Frenazo.

SEAT 127
(a Omar Madrid y Jose.I. Dominguez)

Me acuerdo un día
con un seat 127,
el "Zapatilla",
camino de Almiruete.

Era de día , casi las siete
la guardia civil
nos sorprende,
sin carnet ni papeles
unos chavales ,
de droga hasta los dientes.

Nos damos a la fuga
por caminos , jaras..
inconscientes!
era ya de día
camino de Almiruete.

HUMO VERDE

Cigarro de humo verde.
sube para arriba…
asciende,
se esparce por el techo..
lentamente,
dibuja el alma..
te advierte.
Para allá para acá
se mueve;
en tres segundos, como la vida
desaparece.

Cigarro de humo verde.

CATÁLOGO.

Categóricamente catalogados estamos los humanos
catalogadamente categorizados pensamos que estamos,
organizados cada uno por su lado,
pero a su rebaño anclado;
se desmarca alguno, yo de la vida
soy un aficionado.

CUALQUIER DÍA
(a la vecina de enfrente)

La radio encendida
música portuguesa
me recuerda a ella.
Un farolillo encima,
encima de mi cabeza.

Cenicero, lápiz, papeles, vela
todo revuelto está en la mesa
en el aire flotando
la soledad, muy coqueta.

A veces aprieta
enfría, quema;
otras fortalece
refresca, te suelta.

Va viene , a veces se queda
temporadas largas , cortas
nadie sabe, nadie acierta.

Toc. toc; llaman, abre
el amor está en la puerta
abro..
¡eureka!

CUANDO BRILLAN
(al amor)

Poema de amor
los ojos brillan
mirándonos.

POEMA DE AMOR

Perdono, **O**lvido, **E**s **M**i **A**mor
Digo **E**ntretenido
Amor **M**ío **O**nce **R**osas,
Ladrillo , **O**ro, **S**uspiro
Ojalá **J**uguemos **O**tro; **S**encillo,
Bravo **R**esultado, **I**mprevisto: **L**ugares, **L**itio, **Á**rboles, **N**ido.
Muestras **I**dilio, **R**obusto **A**mor ; **N**ítido, **D**uradero, **O**ctogenario,
Nuevo. **O**tro, **S**encillo.

VIDA 5. Los ratones.

Los niños, la vocación y con ello el descubrimiento de la vinculación especial con un hermano fallecido.

OTRO MUNDO

(a mis alumnos de Campillo de Ranas).

Si de repente te digo
que me da igual a lo que juegas
que estoy en un árbol
con una mano llena de tuercas
con un pie en una rama
y la otra mano en el pomo de la puerta.
No lo entiendo
¿ qué me cuentas?
estoy en otro mundo
no toda la gente entra.

INFANCIA
(a todos los niños de los que he aprendido)

Tienen razón en todo
saben vivir
luchan codo a codo,
se ríen , se divierten
lo arreglan a su modo
no saben casi nada
pero lo aprenden todo.

El secreto de la vida
está en ellos
no en nosotros,
os creéis que somos listos
y somos todos tontos.

MAESTRO
(a los docentes mediocres)

Mala gente enciende
llamas calientes
de niños inocentes.

Envidia les tienen
por ser libres
por hacer siempre lo que quieren.
Adultos mandan
ellos obedecen
qué triste es prohibir
lo que tú deseas, amas y quieres.

Maestro no enseñes..
aprende.

YO SOY MI HERMANO

(a mi hermano Joaquín Moreno Moreno, " el niño")

Muchas tardes me contaba
qué era coincidencia,
ser engendrado cuando su hermano escapaba.
A él se parecía
rizado el pelo tenía,
como Joaquín;
el único de la familia.

Le gustaba la música
galletas Scooby,
y café de Luisa.

En Tamajón crece
por las calles parece una flor
a todos habla,
aunque sea hola y adiós.

Siempre vivo, lleno de amor
jugaba sin parar ,
niño sin dolor.
Empezó un día si y otro no,
las muñecas, las rodillas
hueso a hueso, el esternón.

Se va su vida
el tiempo se la arrebató,
con dolor, fatiga
se paró el reloj.

Con pijama rojo y pantalón
un niño alegre; muy bueno
nos dijo adiós.

Vivir un poco más
no quería irse,
nunca despedirse
abrazar a su papá.

Buscó la manera de quedarse en la Tierra,
un niño su madre engendraba
venía enfermo,
se palpaba.

Podía elegir quizás otro cuerpo
fuerte, sano y bello
pero quiso ayudar,
a algo tan pequeño.

Concentró su energía, su alma
y se adosó a él,
como una grapa.

Allí fueron todas sus fuerzas
al corazón,
funcionaba con cuatro cuerdas
do, re, fa, sol.

Volvió a nacer
¡ qué satisfacción!
ya sabía beber,
cogía solo el biberón.
Tenía ganas de crecer,
la calle de Luisa correr,
jugar en la plaza,
volver a casa a comer,…
no sé…
le quedaron tantas cosas por hacer.

Miedo tenía,
 al llegar los tres años
su enfermedad no se repetía.

Seis , siete, ocho, nueve años cumplió
viviendo a tope el día a día ,
así no se arrepentiría;
arreglando pinchazos se fumaba las cerillas.

Creció libre, salvaje , sin dolor;
lo que siempre quiso
la primera vez que nació.
Los diez se acercan
está en la escuela,
en la escuela de Yunquera.

Está sano, puede correr
además,
lo hace muy rápido y bien.
Siempre lo quiso hacer,
ver cómo avanzan sus pies
sin dolores,
sin tener que caer.

Al amanecer comienza a vivir
al cole, casa, cabaña,
hoguera , partido; un sinfín.
Al día siguiente
jugar , lanzar, quemar, buscar, tocar, cantar,..
no ceja nada pendiente.
Esto le sucedió a este señor,
no quería dejar nada para mayor.

Muy joven se instruyó
para ser un trabajador,
algo maravilloso
que su padre transmitió.
Quería ver el mundo,
que alguien le regaló.
Quería probarlo todo
estudiar , viajar, trabajar;
aprender un poco.

Empezó con Derecho
Normas, Leyes , Decretos
trabajar por dinero
un día abajo,
otro en el techo.
No quería eso,
él seguía siendo pequeño.
Algo tenía que hacer
si no quería crecer.

Se rodeó de bichejos
que solo querían comer,
alguna cosa romper
pelearse…
también se les da bien.

Sacó su espina,
consiguió..
ser un niño toda su vida.
Estar vivo,
ser una encina
regresar en un cuerpo
que traía resina,
un huerto
sin semilla.
Entre los dos,
pusieron cuatro patas a una silla;
se sentaban todos
nadie se caía.

Yo soy mi hermano,
siempre lo decía.
Hay un libro
que habla de dos vidas
una;
corta , dura , dolorosa, prohibida.
Otra ;
con y sin herida
pero extremadamente bonita.
Yo soy mi hermano,
siempre lo decía.

Crecer y crecer,
adolescente y adulto
una vez pudo ser.

Al amanecer
el pájaro pía,
yo soy mi hermano
siempre lo decía.

VIDA 6. Aprendizajes gatunos vitales.

Madurez, primeras pérdidas, primeros enfrentamientos serios con tu interior, primeras adaptaciones con consciencia adulta.

JUGANDO
(a las palabras).

Escama del pescado
es cama acostado,
en tiendas compro
para que entiendas tanto,
estragón en mis guisos
es tragón mi hermano,
amarga el plato
a Marga canto.

De Pilar es el llanto
depilar debes el sobaco,
¡ detener esos pelos!
de tener cinco años por lo menos.

EL TIEMPO.

El mañana de ayer..
es hoy,
el ayer de mañana..
también,
no dejes para mañana..
lo que puedas hacer el mañana de ayer,
no dejes para mañana..
lo que me puedas llegar a querer.

Regálame tus ojos..
espachúrrame.

NUNCA NIEGUES NADA AL TIEMPO

Escribo con criterio creo
letras largas en libros leo,
paso a paso pero poco veo
vida babea baberos ciegos,
si son solo sonidos ciertos..
nunca niegues nada al tiempo.

EL BESO

El beso endemoniado carece de espinas
es tierno, cósmico, delicado; en fín,
prevalece entre los escombros, esquivas
ya no hay fondo , transparente por ti.

Espinas encarecidas con desidia,
que compró al diablo entre lágrimas ensangrientadas
de odio a sí misma,
así es el beso que carece de espinas
doloroso, dañino, egoísta, dolomita.

EL ADALID DE MI VIDA

La abyección recibida
acólito, por miedo te hace
abstruso al sistema, abigarrado;
acucian aborregando
¡ ácefalos todos!, como antes.

La acracia,
 que hoy todos podemos tener
sin abulia y con el acicate
de quién de verdad nos ama,
no hay desasosiego, inquietud
aprensión , desgana.
No somos adlátere de nadie,
el adalid de mi vida soy yo.

PENA

(a mi padre Francisco Moreno Santamaría)

La leña arde,
esparce pena
que aun no llega,
llega tarde.

CAMPANADAS

Campanadas de la iglesia
suenan, cantan, pesan;
la vela se consume
lenta, muy lenta.

POEMAS A MI PADRE

1. Sueño con mi padre
de día, de noche
a cada instante.

Tocar su cara, abrazarle
susurrarle al oído,
de mi corazón
nunca se ha ido,
es tan bonito
lo que con él he aprendido,
sentirse libre
no viene en ningún libro.

Maestro de mi vida
escudo de la envidia
de la mentira;
de la justicia la cima.

Mi padre,
Mi alma
Mi vida.

2. Lluvia de ojos poderosos,
agua que no vemos
cae lejos de nosotros.

Lágrimas de estaño
por la frente resbalando
como bailarina,
caen en mis párpados
mojados..
de ritmo y llanto.

Se forma otra gota,
se desliza hasta mis labios
soplo:
se divide en mil pedazos
humedeciendo el aire,
te extraño.

Llora tu ausencia mi mente
cuando escarbo
ante los problemas estabas tú
para superarlo.

Orejas pequeñas, cuello corto
en invierno y verano
pantalones largos.
Su cuerpo
hormigón armado,
su cabeza
copa de roble centenario,
firme, flexible, fuerte , aireado.
No te puedes imaginar
tu legado.

POR SI ACASO MAÑANA MUERO

(a mi madre Conchi Moreno).

Por si acaso mañana muero
que no quede todo en un agujero,
si antes que mi madre os dejo
solo una cosa deseo..
que la cuiden , la mimen,
como si yo no estuviera lejos.

Nada en vida quiero,
solo si yo muero
cuiden de lo más grande
que todos tenemos.

Quién lo sienta, quien quiera
que la proteja
que de pena no muera;
que sea feliz
que cuide de sus nietas,
a todos os enseñará a vivir
de amor es una enciclopedia.
No te preocupes madre
todo tiene su recompensa
te ayudará quien quiera
quien lo sienta;
que disfrutes.
Que todo esto no sea,
te rías, no sufras
y yo lo vea.

Cuando muera, mi cuerpo entero
con parte de las cenizas de mi padre
mi madre y mi hermano pequeño.

El día de mi entierro que no me expongan
que nadie muerto me vea
que pongan una foto alegre, divertida
a ver si la gente de risa se mea.

Mi última exposición, me encantaría
mis cuadros ahí se pueden mostrar
ilusiones de muerte nacimiento de vida.

VIDA 7. La gatita. *(a Jara Moreno)*

El regalo más hermoso que te da la vida. El sentido de todas las cosas, el sentido de los pasos que das y el destino que nadie espera.

NACE JARA

Como nació mi hija
con ganas, con prisa.
Con su cabeza
estiró la vagina,
con mucho pelo
¡ a qué sale vestida!.

Salió rápida, erguida
como el agua
cuando quitas el tapón a la pila.

MI NIÑA

Rie, llora , calla, mea,
se caga, se vomita entera;
no para
está echando una carrera.
Mi bebé
huele a primavera.

CHICHONES
(a la alegría)

Nada la para,
ni techos ni paredes
ni murallas,
no tiene fuerza
pero sus piernas saltan.

Nada la para
chichones, cada mañana;
ni techos ni paredes
ni montañas.

Te desquicia
no sabes cómo encontrar la calma,
no quiere pañales
ni ropa ni toalla,
gatea, se escapa.
Le coges de la pierna
la arrastras
te desquicia,
no sabes cómo encontrar la calma.

Se sienta, calla
la intentas poner el body
por la espalda,
se gira me ve;
se espanta.

Llora , te desquicia
no sabes cómo encontrar la calma.

TARANTOS

Con Jara en brazos
hago la comida,
friego y barro.

Esta niña no para
ni de día
ni de noche descanso.

No quiere que escriba
ni que pinte
ni que con la guitarra toque tarantos,
quiere que solo a ella
le haga caso.

YA NO SUENA
(a la angustia)

Ya no suena la guitarra
tiene todas las cuerdas
pero algo la pasa.

Ya no suena la guitarra
do, re, mi, fa sol, la , si
está desafinada.

Ya no suena la guitarra
trastea la primera , segunda cuerda
y también la cuarta.

Ya no suena la guitarra
las canciones bonitas
se vuelven amargas.

Ya no suena la guitarra
los dedos no se mueven
como sirena varada.

OCHENTA Y CINCO MIL VECES
(a la fortaleza)

De Madrid al cielo
espero que esto no sea,
que sea solo un sueño.
Servilleta mojada
desciende hasta el suelo,
suspiros de alguien;
lleva el dolor dentro.

No puede ser que muera
entre alquitranes y sueros,
no puede ser que muera
sin decir a su padre
ochenta y cinco mil veces
te quiero.

CAMA DE HOSPITAL
(a la lucha).

Sábanas blancas
duerme mi niña entre ellas,
bajadas las persianas
la oscuridad de nosotros se apodera.
Abre un ojo, se chupa un dedo
me mira;
parece que ya despierta,
sonríe , me lanza un beso
se estira y da media vuelta.
Está tan agusto
que no quiero que miedo sienta,
yo sonrío
aunque el alma me cuesta,
sábanas blancas
duerme mi niña entre ellas.

ME CAGO EN TODO
(a la rabia).

Me cago en todo
a ostias querría destruirlo
me cago en mi vida
y en este puto destino.

Quiero gritar, dar patadas
de aliento tengo un hilo
parece un sueño
y es verídico.

METÁSTASIS

(a la incomprensión y al dolor).

Mirada al vacio
los ojos de amor llenos
los brazos los mueve
la baba le va cayendo.

No saldrá de esta ;
lo sabemos
es muy duro ver
como tu hija se está muriendo.

Mirada al vacio
los ojos de amor llenos.

PENA HONDA
(a la zozobra).

Qué pena tan grande,
a los pulmones
no llega el aire;
al corazón
ni gota de sangre.

Los ojos
no tienen lágrimas,
tienen hambre.

En la boca
la saliva no cabe,
la nariz sin mocos
no saben donde sujetarse.

Que pena más grande,
mis piernas sin músculos
son alambres.

No sé como voy a tirar para adelante,
mi hija se marcha
ya no hay segunda parte,
qué pena más grande.

CIEN MIL AMPERIOS
(a la unión más especial del mundo).

Se apaga tu luz por un momento,
sé que luego
se encenderá de nuevo.

Te vas metiendo
entre mis entrañas
mi fortaleza se alza,
quieres que sea cemento.

Te vas yendo
te cuelas,
en los recovecos de mi cuerpo.
Tú y yo somos uno
lo sé , lo siento;
tu fuerza se filtra
alto voltaje, cien mil amperios.

FÍN
DE
LA
VIDA 7

VIDA 8. La marcha de la gatita.

Empezar a vivir con una experiencia extrema en el pecho, en el corazón. Adaptarte de nuevo a un mundo que no parece el tuyo. Descubrir a través de la experiencia el sentido más absoluto de nuestra existencia.

LUCHANDO

Se borra la página
misteriosamente nadie hace nada,
el café cae
y todo lo mancha,
no es oscuro ni claro
es lágrima.

COLE

(Al esfuerzo).

Rodeado de duendes vivo
buenos días te dicen,
cada mañana te miro
no dejo que los cuervos piquen.

Te recordamos con alegría
en esta tapia alborotada,
a la gata más bonita
con las uñas mejor pintadas.

Salta, salta, salta
en mi corazón cada mañana
gracias peques
por recordar a Jara.

POEMAS DE MIERDA
(a la rabia otra vez)

Poemas de mierda
expresan rabia, pena;
poemas de mierda
ya no estás , eso refleja.

Ojalá jamás hubiese escrito poemas de mierda
ojalá no hubiese tenido tiempo de escribir nada,
jugando contigo cada día, cada mañana
el boli y cuaderno perdidos entre la hierba.

Ojalá jamás hubiese escrito poemas de mierda
jugando contigo, con los muñecos , con las arenas,
paseando , en la charca o a por setas
ojalá jamás hubiese escrito poemas de mierda.

AROMA BELLO

El frío viene
se congelan los sentimientos,
duele menos; pasa el tiempo.
Se entretiene..
mi cabeza no,
solo mi cuerpo..
es tan bonito tu recuerdo.

Brillo verde, aroma bello
a mi corazón
lo acaricia tu pelo.

Brillo verde, aroma bello
siento tus manos
y tus dedos.

Brillo verde, aroma bello
JARA ,
te quiero.

FOTO DULCE

(a la melancolía)

Foto dulce
me mantiene la mirada,
foto dulce
miro y beso cada mañana,
foto dulce
las lágrimas escurren rabia,
foto dulce
mi niña me acompaña,
foto dulce
se unen nuestras almas.

TE LLAMO

Cojo el aldaba de tu puerta
lo golpeo
por si estás despierta.
La charnela..
está atascada , no abre
chilla, suena.

La vida se convierte en dédalo,
desasirme de ti es entibar mi corazón;
como xilófago
voy royendo la madera
para ver si mi corazón solo,
tiene fuerza.

AMIGOS

(a mis gatos preferidos).

Un saco de pétalos a mi espalda
me protegen me ayudan
siempre me acompañan.

Dan color a mi vida
aromas bellos, fragancia
corazón hueco
desde tu marcha;
lluvia de pétalos
esperanza.

HOJAS QUE CAEN
(a la incomprensión)

¿ Porqué nos regalas tu vida?,
no entiendo nada
eras muy pequeñina.

No puedo dar sentido a esto
tengo que vivir
con tu dulce recuerdo.

Vaya dioses de mierda
sin poderes , sin fuerza;
vaya energías;
van desorientadas, no se encuentran.
¿ En qué puedo creer que tenga respuestas?

Solo creo..
en el funcionamiento sencillo de la naturaleza,
hojas que caen, se pudren
y a otros alimenta.

OCEJÓN

Montaña perfecta,
camino de Jaras
su olor
de amor me llena.

Montaña perfecta
flores blancas
¡ Jara despierta!.

Montaña perfecta
una luz brilla en lo alto,
abajo..
nubes , niebla.

Montaña perfecta,
avispa revoloteando
buscando néctar.

Ocejón,
montaña perfecta,
mi niña te cuida
y tú a ella.

VIDA 9. Vuelta a las tapias y a los tejados.

Trabajo y esfuerzo. El humor, los buenos momentos. Las amistades selladas con sentimientos y emociones que se quedan dentro. La vida alegre sigue, si la alimentas de inolvidables recuerdos.

AMOR DESCALZO
(al intento de relación)

Hablo de árboles
arbustos ; de coger bien el hacha,
ella de bolsos , tecnologías
y paseos por Malasaña.

Hablo de leña, huerto, setas
de tomarme la vida despacio;
ella de viajes, cursos, cenas, fiestas,
metadatos.

DESESPERANZA

Encontraste un claro para la desesperanza,
tu corazón se refugia
dentro de tu alma.

Tu inspiración es muy valiosa,
la mía es lágrima;
tu alma grita
la mía calla.
Es una fuente con el agua clara,
tiene tierra, pero pronto
se la quedarán las plantas.
Poesía, pintura de nada sirve,
si no me abrazas;
encontraste un claro..
para la desesperanza.

TODO ESTÁ CONECTADO .

Veo lágrimas,
la humanidad pendiente de un hilo
la naturaleza avanzando,
floreciendo en sigilo.

Sin el azote del humano
todo;
puede volver a sus inicios.

El bicho nos mira en medio del caos,
es el último aviso
todo está conectado
no miremos solo a nosotros mismos.
Veo lágrimas
pena, abismo.

NENÚFAR

(de nuevo al amor).

Todo pasará…
buscaré para encontrarte,
diente de león en el agua
nenúfar en el aire.

FERRALLA
(de nuevo fuerza)

Me cosieron con ferralla
pues, abrieron mi corazón
cortafríos, maza.

Nunca un dolor tan grande
llegó hasta el alma
nunca fue en balde
cada una de tus palabras.

Me cosieron con ferralla
corazón enorme..
pesaba.

Aguja pobre
de chapa,
hilo de cobre
se deshacen las puntadas,
me cosieron con ferralla.

DOS MÁS DOS SON TRES

Conozco el mal demasiado bien
no me rozó el dolor,
titubeó y poco a poco
se alojó en mi piel.

Conozco el mal demasiado bien
recuerdo olvidos
que olvidé,
abro cerrojos que no son de hierro
claro; son de papel.

Redondeo cuadrados
como; lo que es para beber,
un siete en un dado
una nana al amanecer.

Conozco el mal demasiado bien
dos más dos...
son tres.

QUÉ AGUSTO SE QUEDA EL ROBLE

Qué a gusto se queda el roble
con dulzura caen sus hojas,
el frío invierno entre sus ramas nota
el sol ilumina su aspecto pobre.

Qué a gusto se queda,
aunque la armadura permanece rota
él espera;
paso a paso, gota a gota.

No se equivocó
hizo bien las cosas,
era un roble
tenía que dar bellotas.

REGALO
(a la vida)

Siete mil trescientos días, siete mil trescientos regalos;
mejor estos días que sólo veínte años..
Dura más la sensación de un abrazo
mejor días,
intenta iluminarlos,
verías;
que es mejor poco a poco ir caminando.
Cada día;
es un regalo.

ÉL (al gato).
(*Poema de María T. 2020*).

Él no habla como los demás
él,
no mira igual.

Él, no pertenece a ningún lugar
es viento,
es mar.

¿De dónde es?
aire que vuela ,
más allá del ser.

Le intento explicar
que es dulce,
como la claridad.
Emociones y sentimientos
forjados con causalidad,
horizonte infinito
donde se junta el cielo y el mar,
mente que ama
sin apenas hablar.

Él no siente como los demás
brisa marina,
paz.

Esa **paz** que te quita el miedo a lo desconocido, esa paz que transforma todas las sensaciones en una brisa de aire puro, esa paz que elimina tus dolores y los transforma en cosquilleos, esa paz que todos tenemos que conseguir para: **SENTIR COMO UN AUTÉNTICO GATO** .

Agradecimiento a cada persona que ha hecho posible mi vida tal como es , que han forjado mi personalidad a lo largo del tiempo sin darse cuenta. Sois el tesoro más valioso del que puede disponer un ser humano.

Gracias a todos los condicionantes que han hecho posible vivir nueve vidas tan mágicas, llenas de emoción, cariño y amor verdadero.

EN MEMORIA DE:

JOAQUÍN MORENO MORENO " EL NIÑO", FRANCISCO MORENO SANTAMARÍA Y JARA MORENO CARAVANTES.
Y DE TODAS LAS PERSONAS QUE APARECEN EN ESTE LIBRO Y YA NO ESTÁN ENTRE NOSOTROS.
GRACIAS SIEMPRE.

AGRADECIMIENTO ESPECIAL A CONCHI MORENO GAMO, UNA TODOTERRENO Y UNA GUERRERA , DISPUESTA SIEMPRE A ACEPTAR LO QUE LA VIDA LE TRAIGA, UN ALMA PURA , UNA BONDAD Y SENSIBILIDAD INCALCULABLE, UN APOYO SÓLIDO EN LOS PEORES MOMENTOS, UN SALVAVIDAS EN MEDIO DEL MAR.

TE QUIERO MAMÁ.

Índice